Aviones de papel

LAROUSSE

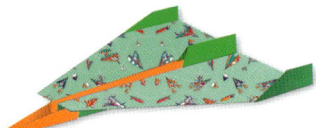

Equipo editorial
Edición: Emili López Tossas
Traducción: Francesc Reyes Camps
Revisión, maquetación y adaptación de cubierta:
José María Díaz de Mendívil Pérez

Ilustraciones: Cinzia Sileo y Jean-Gabriel Jauze

© Hachette Livre / Deux Coqs d'Or, 2022
© LAROUSSE EDITORIAL, S. L., 2025
Bac de Roda, 64, 1.ª planta, local B, 08019 Barcelona
www.larousse.es - clientes@grupoanaya.com

Primera edición: mayo de 2025
ISBN: 979-13-87520-28-1
Depósito legal: B-3720-2025
1E1I

PAPEL DE FIBRA
CERTIFICADA

Aviones de papel, una agradable manualidad

Cuando vemos volar un avión entre las nubes, sentimos la necesidad de decirle a quien tenemos al lado «¡eh! mira, un avión». Estas maravillas de la ingeniería tienen algo que nos atrae irremediablemente y, por eso, como queriendo emularlos a pequeña escala, todos hemos hecho aviones de papel en algún momento. ¿Cómo olvidar la satisfacción de verlos planear después de lanzarlos al vuelo?

Con este libro podrás disfrutar de esta manualidad tan aclamada de una manera metódica y asequible, con las técnicas de plegado explicadas paso a paso y los papeles adecuados para construir diez modelos de aviones de papel. Podrás practicar tus habilidades con los aviones más populares y tradicionales de la papiroflexia, como el Bumerán o el Cohete, pero también con otros menos conocidos, aunque muy adecuados para planear, como el Águila o el Murciélago. Se presentan en tres grados de dificultad, para poder empezar por los aviones más sencillos e ir adquiriendo habilidad en el plegado con los más complicados.

Olvídate de utilizar aburridos folios en blanco o papel de periódicos viejos, ya que aquí encontrarás un montón de hojas con estampados coloridos y muy divertidos que te permitirán crear modelos muy originales.

Encuentra con estos aviones de papel un momento de calma, concentración y tranquilidad, una pausa inesperada y provechosa para los pequeños, pero que también deleitará a los mayores.

Bumerán

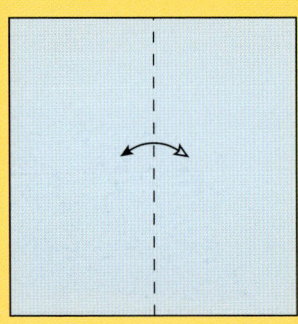

1 Toma una hoja y pliégala por la mitad. Luego despliégala.

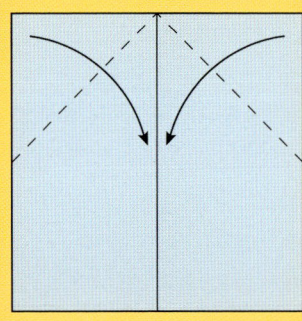

2 Dobla las esquinas hacia el centro para formar una punta.

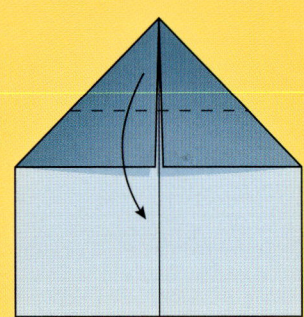

3 Dobla la punta hacia abajo por la línea discontinua marcada en el dibujo.

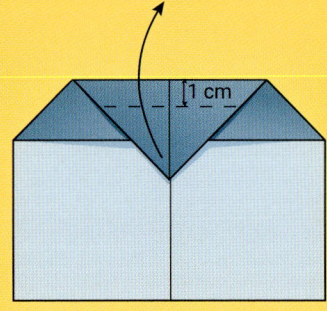

4 Dobla ahora la punta plegando hacia arriba a 1 cm del borde más o menos.

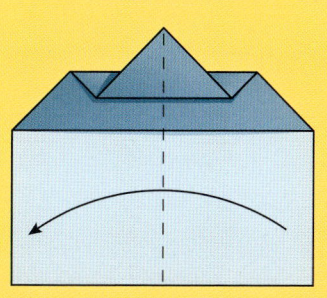

5

Pliega tu avión por la mitad de manera que las futuras alas queden una sobre otra.

6

Baja las alas hacia el exterior doblando por la línea discontinua marcada en el dibujo.

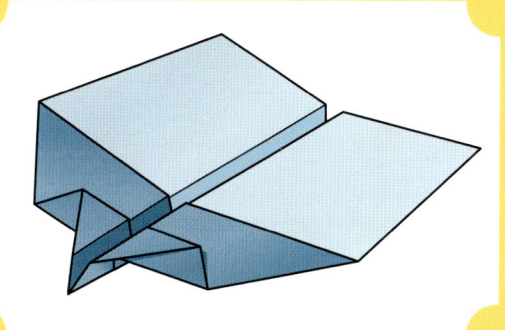

7

Lanza el avión y verás cómo vuelve a ti.

Halcón

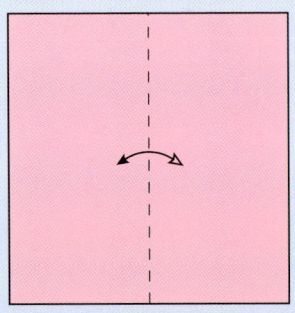

 1

Toma una hoja y pliégala por la mitad. Luego despliégala.

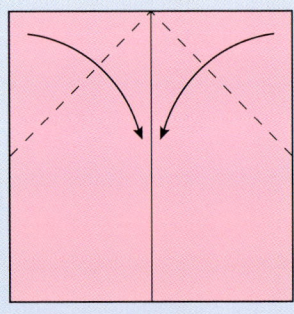

2

Dobla las esquinas hacia el centro para formar una punta.

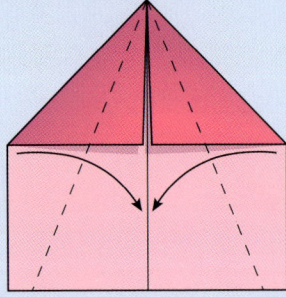

3

Dobla una vez más los lados hacia el centro (guíate por la línea discontinua del dibujo) y alisa bien el papel.

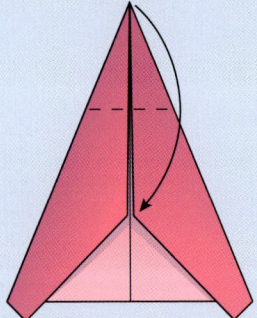

4

Dobla la punta hasta el punto de unión inferior de las alas.

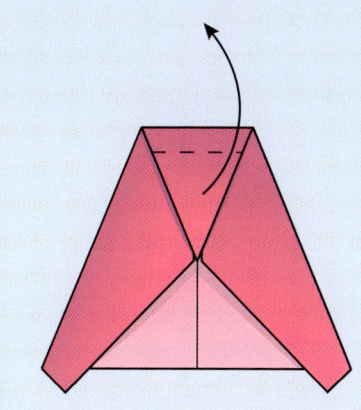

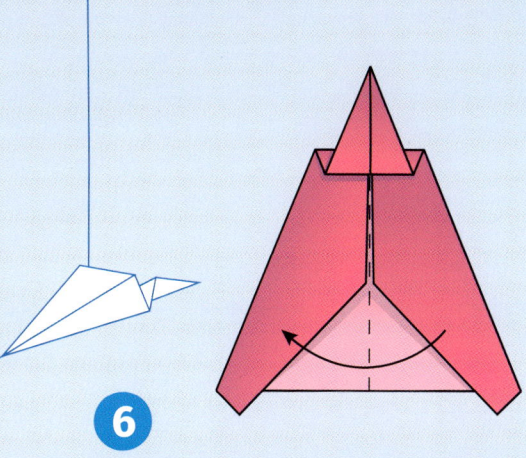

5

Dobla la punta hacia arriba por la línea discontinua del dibujo, situada a 1 cm del borde más o menos.

6

Pliega las alas una sobre otra.

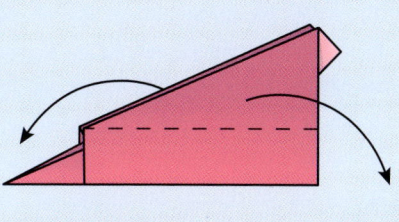

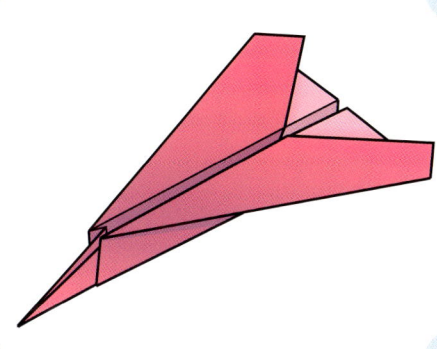

7

Dobla las alas hacia el exterior por la línea discontinua del dibujo.

8

Verás lo rápido que es.

Cohete

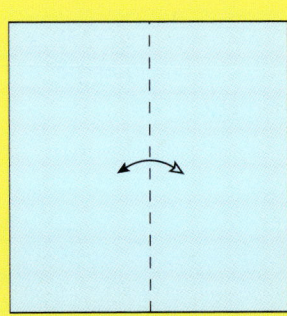

1 Toma una hoja y pliégala por la mitad. Luego despliégala.

2 Dobla las esquinas hacia el centro para formar una punta.

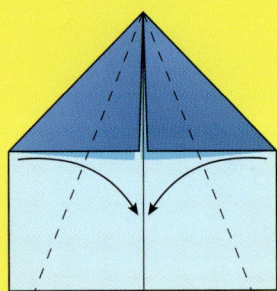

3 Dobla una vez más los lados hacia el centro (guíate por la línea discontinua del dibujo) y alisa bien el papel.

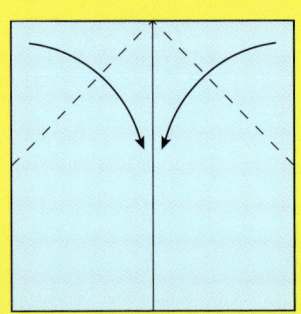

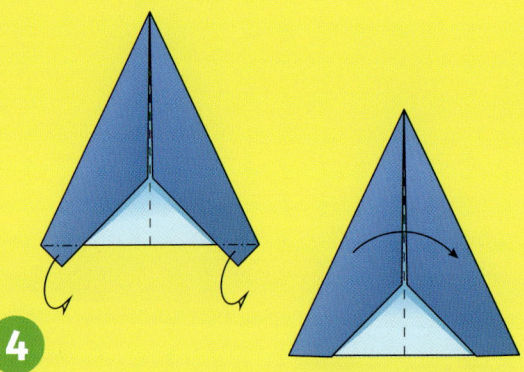

4 Dobla hacia atrás las puntitas que sobresalen por abajo y luego pliega las alas una sobre otra.

5

Dobla la mitad de un ala hacia el exterior siguiendo la línea discontinua del dibujo.

6

Luego haz lo mismo con la otra.

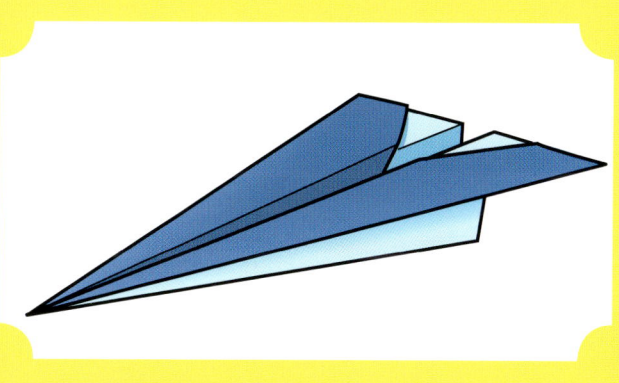

7

¡Muy bien! Tu avión volará a toda velocidad.

Tifón

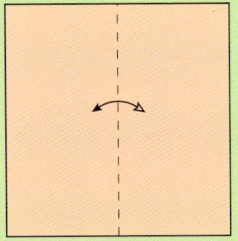

1

Toma una hoja y pliégala por la mitad.
Luego despliégala.

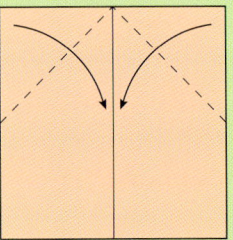

2

Dobla las esquinas hacia el centro
para formar una punta.

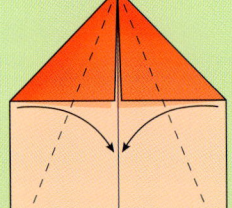

3

Dobla una vez más los lados hacia el
centro (guíate por la línea discontinua
del dibujo) y alisa bien el papel.

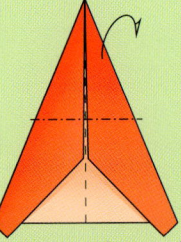

4

Dobla la punta hacia fuera (guíate
por la línea discontinua del dibujo).

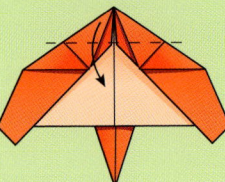

5

Dobla los dos extremos superiores hacia
el interior siguiendo la línea discontinua
del dibujo.

6

Dobla ahora la punta que se ha formado
hacia dentro (guíate por la línea
discontinua del dibujo).

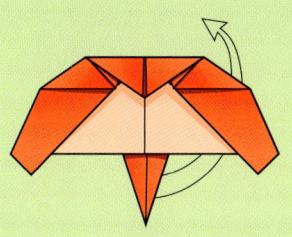

7 Dobla la punta de atrás hacia delante.

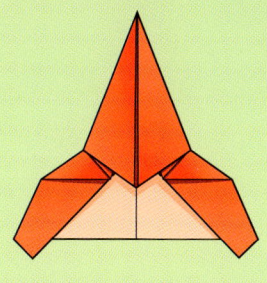

8 Así debe quedar el avión tras la etapa 7.

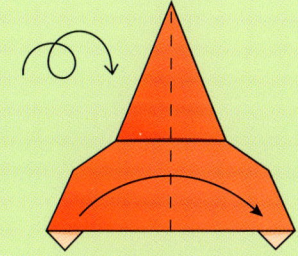

9 Dale la vuelta a tu avión y dóblalo por la mitad plegando las alas una sobre otra.

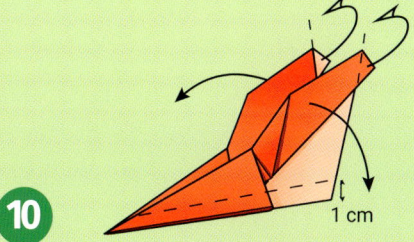

1 cm

10 Pliega un ala hacia fuera, y luego la otra, por la línea discontinua del dibujo, situada a 1 cm de la base más o menos. Finalmente, dobla las puntitas que sobresalen por detrás de las alas.

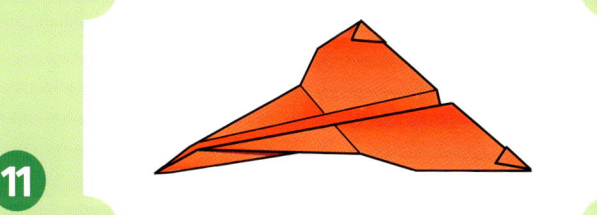

11 ¡Listos para el concurso de *loopings*!

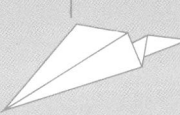

Vendaval

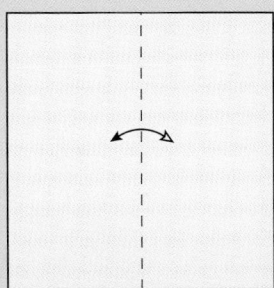

1

Toma una hoja y pliégala por la mitad. Luego despliégala.

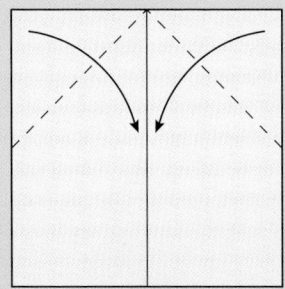

2

Dobla las esquinas hacia el centro para formar una punta.

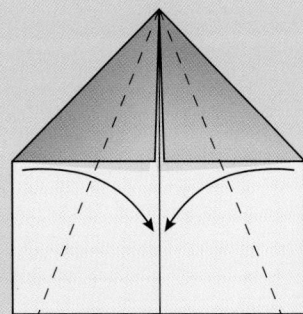

3

Dobla una vez más los lados hacia el centro (guíate por la línea discontinua del dibujo) y alisa bien el papel.

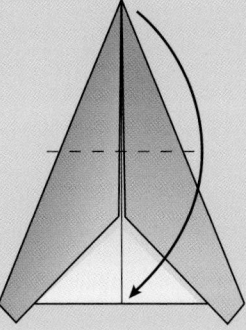

4

Pliega por la mitad doblando la punta hacia abajo.

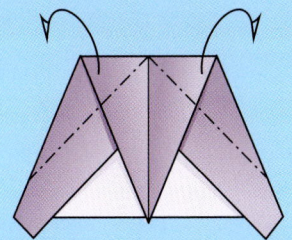

5

Baja los dos extremos superiores doblándolos hacia fuera (guíate por la línea discontinua del dibujo). Marca bien los pliegues.

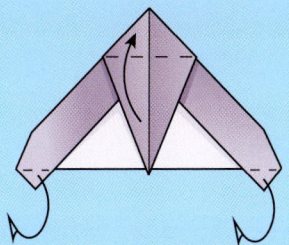

6

Dobla la punta inferior hacia arriba (guíate por la línea discontinua del dibujo) y, luego, dobla hacia atrás las dos puntitas que sobresalen por abajo.

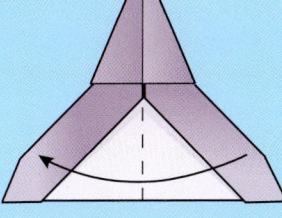

7

Dobla tu avión por la mitad y pliega las alas una sobre otra.

3 cm

8

Para acabar, baja la punta tirando de ella hacia delante y dobla las alas hacia fuera a unos 3 cm de la base.

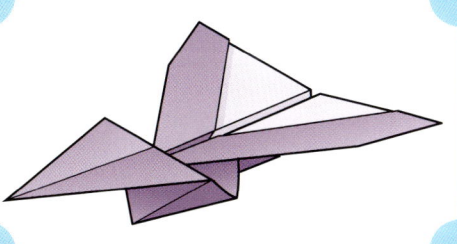

9

¡Con este avión sorprenderás a tus amigos!

Planeador

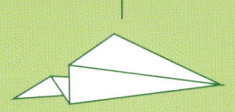

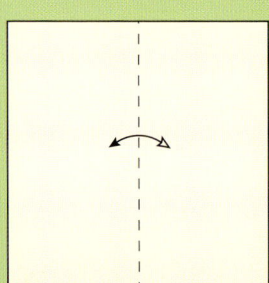

1

Toma una hoja y pliégala por la mitad. Luego despliégala.

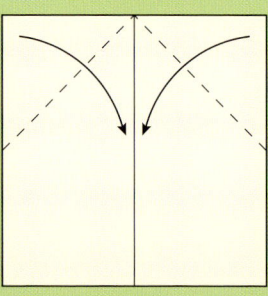

2

Dobla las esquinas hacia el centro para formar una punta.

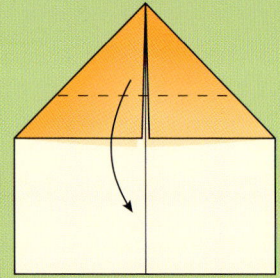

3

Dobla la punta hacia abajo por la línea discontinua del dibujo.

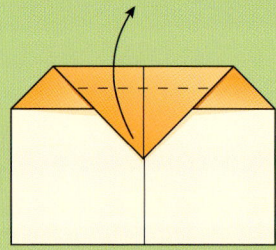

4

Dobla la punta hacia arriba a 1 cm del borde superior (guíate por la línea discontinua del dibujo).

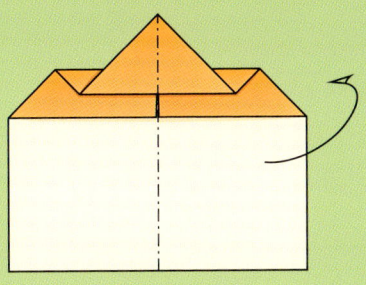

5 Dobla tu avión por la mitad hacia fuera.

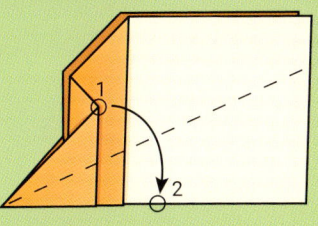

6 Baja las alas hacia el exterior llevando el punto 1 hacia el punto 2.

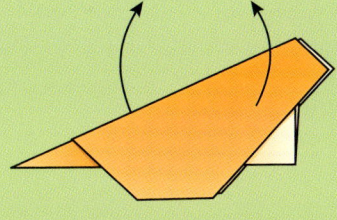

7 Marca bien el pliegue, y luego despliega las alas para que queden bien planas.

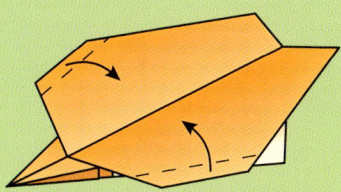

8 Dobla el borde de las alas hacia arriba (guíate por la línea discontinua del dibujo).

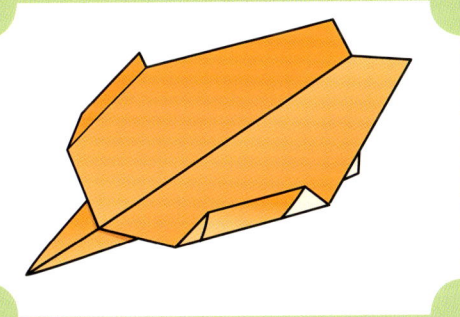

9 ¡Y ya está, un artefacto de lo más volador, sin motor ni hélice!

Little Nicky

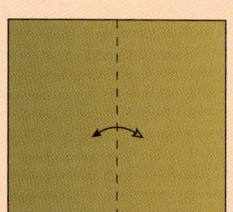

1 Toma una hoja, con los dibujos cara a ti. Pliégala por la mitad y, luego, despliégala.

2 Dobla cada mitad, plegándola sobre la línea discontinua central y, luego, vuelve a desplegarlas.

3 Pliega las puntas poniendo los puntos 1 sobre los puntos 2.

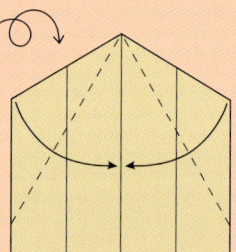

4 Dale la vuelta a la figura y baja las puntas hacia la línea central (guíate por la línea discontinua del dibujo).

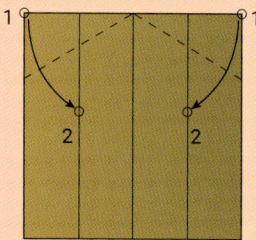

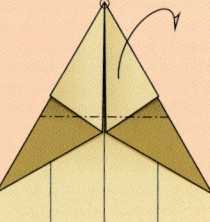

5 Pliega la punta hacia fuera doblando a la altura de la línea discontinua del dibujo.

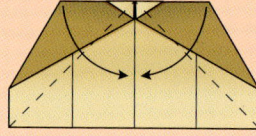

6 Dobla los extremos superiores hacia la línea central y alisa bien los pliegues.

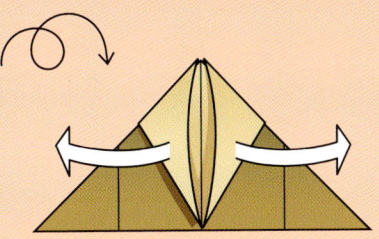

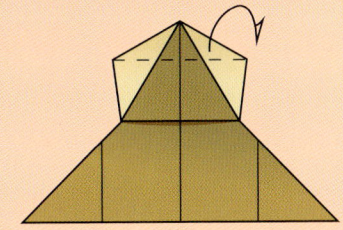

7

Dale la vuelta a la figura y luego abre el rombo que ha quedado. Despliégalo por completo y dóblalo hacia arriba.

8

Dobla la punta hacia fuera por la línea discontinua del dibujo.

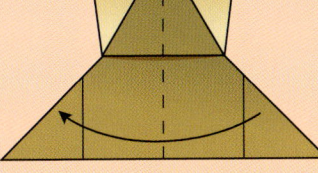

9

Dobla tu avión plegando las alas una sobre otra.

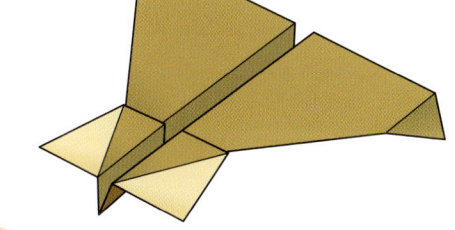

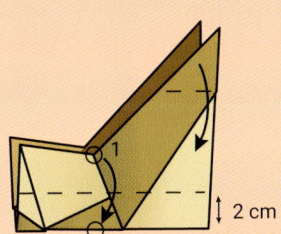

10

Dobla las puntitas del extremo superior de las alas y, luego, las alas a unos 2 cm de la base, de modo que el punto 1 quede sobre el punto 2.

11

¿Qué te parece? Tiene clase, ¿eh?

Águila

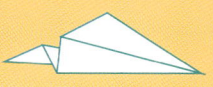

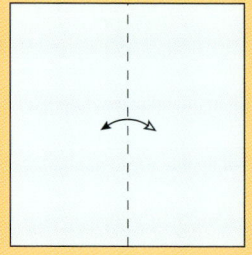

1 Toma una hoja y dóblala por la mitad, y luego despliégala.

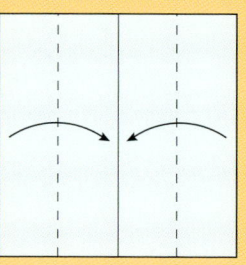

2 Dobla cada mitad, plegándola sobre la línea discontinua central.

3 Marca un pliegue doblando por la mitad solo las partes superiores y desdóblalas.

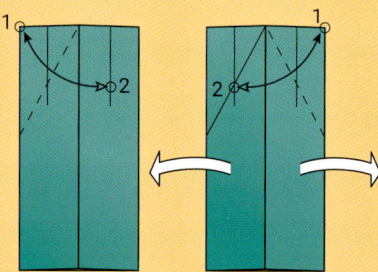

4 Pliega el punto 1 de una de las esquinas sobre el 2 y luego despliega. Haz lo mismo con la otra esquina y despliega toda la hoja.

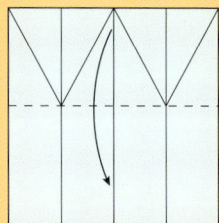

5 Pliégala horizontalmente a la altura de la línea discontinua del dibujo.

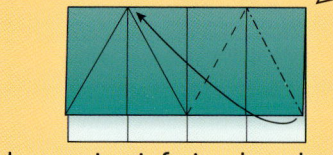

6 Dobla la esquina inferior derecha de la doblez sobre el punto indicado, aplanando bien todos los pliegues.

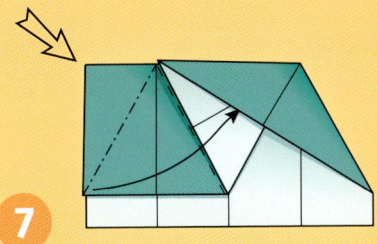

7

Haz lo mismo con la otra esquina, deslizándola bajo la precedente.

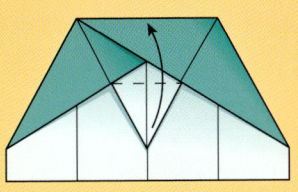

8

Dobla la punta hacia arriba por la línea discontinua del dibujo.

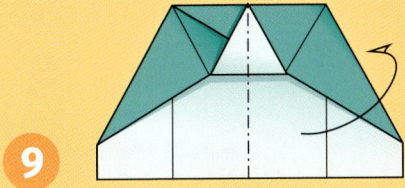

9

Dobla hacia fuera el avión por la mitad.

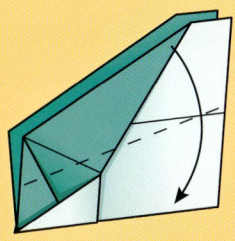

10

Dobla las alas hacia fuera por la línea discontinua del dibujo.

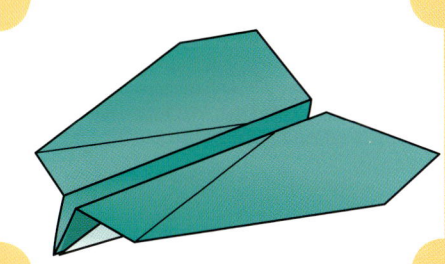

11

¡Tu avión está listo para despegar!

Murciélago

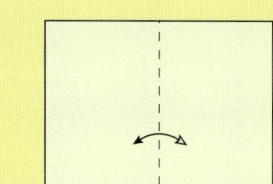

1 Toma una hoja y pliégala por la mitad. Luego despliégala.

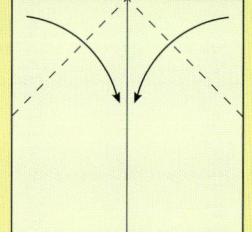

2 Dobla las esquinas hacia el centro para formar una punta.

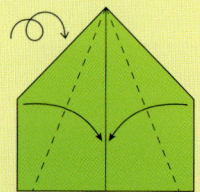

3 Dale la vuelta al papel y dobla los lados hasta la línea central, siguiendo las líneas discontinuas del dibujo.

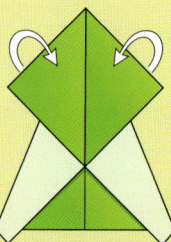

4 Despliega las aletas superiores hacia delante de manera que formen un rombo.

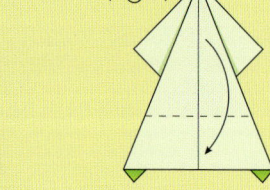

5 Vuelve a darle la vuelta al avión y dóblalo siguiendo las líneas discontinuas, de modo que la punta baje.

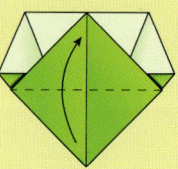

6 Dobla la mitad inferior del rombo sobre su mitad superior.

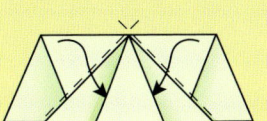

7

Dobla las esquinas superior hacia el centro deslizándolas bajo los faldones del triángulo central.

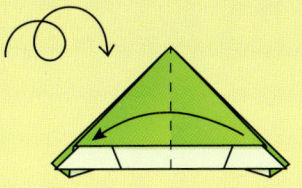

8

Dobla tu avión por la mitad plegando un ala sobre la otra.

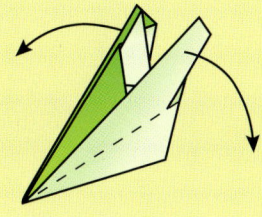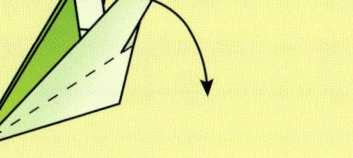

9

Dobla las alas hacia el exterior por las líneas discontinuas del dibujo.

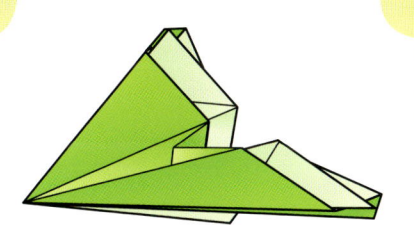

10

Para acabar levanta el centro de la parte trasera para formar una pequeña punta.

11

¡Felicidades! Tu avión murciélago tiene un aspecto estupendo.

Transbordador espacial

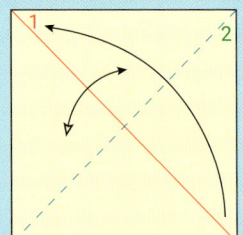

1

Toma una hoja y dóblala por la mitad, según la diagonal 1. Luego despliega, y vuelve a doblarla por la mitad según la diagonal 2.

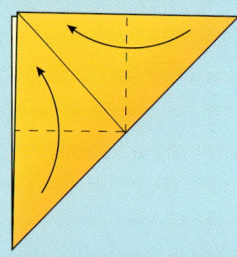

2

Dobla las dos esquinas inferiores del triángulo hasta la esquina superior.

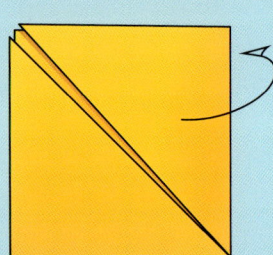

3

Dobla por la mitad hacia fuera y diagonalmente el cuadrado resultante.

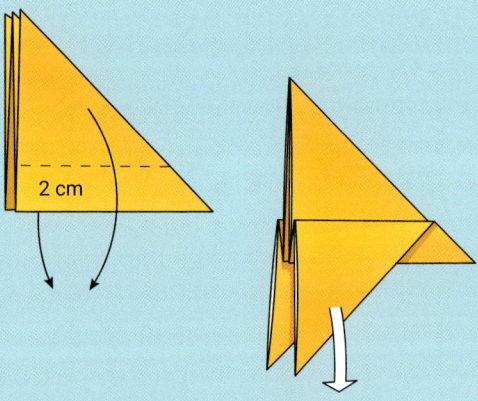

4

Dobla cada ala hacia fuera por la línea discontinua del dibujo (a unos 2 cm de la base) y, luego, tira de ellas hacia abajo.

2 cm

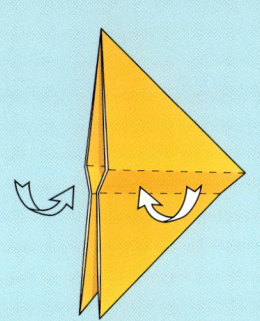
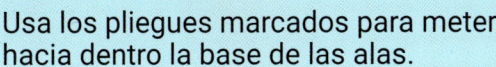
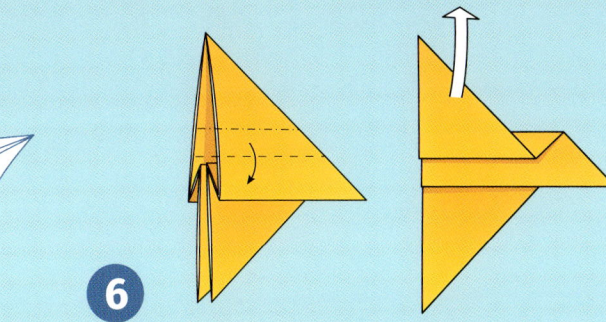

5

Usa los pliegues marcados para meter hacia dentro la base de las alas.

6

Baja la punta central, luego dóblala hacia arriba a unos 2 cm del pliegue precedente y tira hacia arriba.

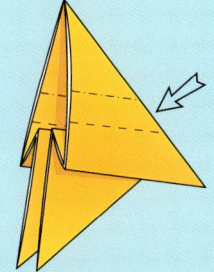

7

Usa los pliegues marcados para que la base del ala entre en la cabina y para que la punta sobresalga.

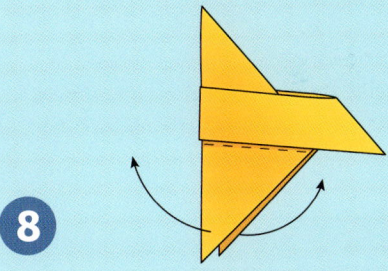

8

Para acabar, abre las alas y pon tu transbordador donde más te apetezca.

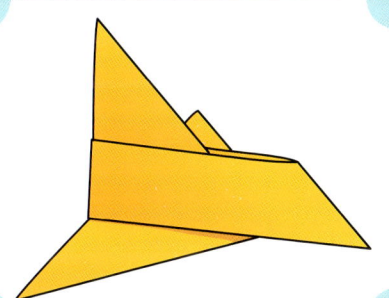

9

¡Buen trabajo! ¡El transbordador queda muy decorativo sobre la mesa de tu estudio!

Motivos

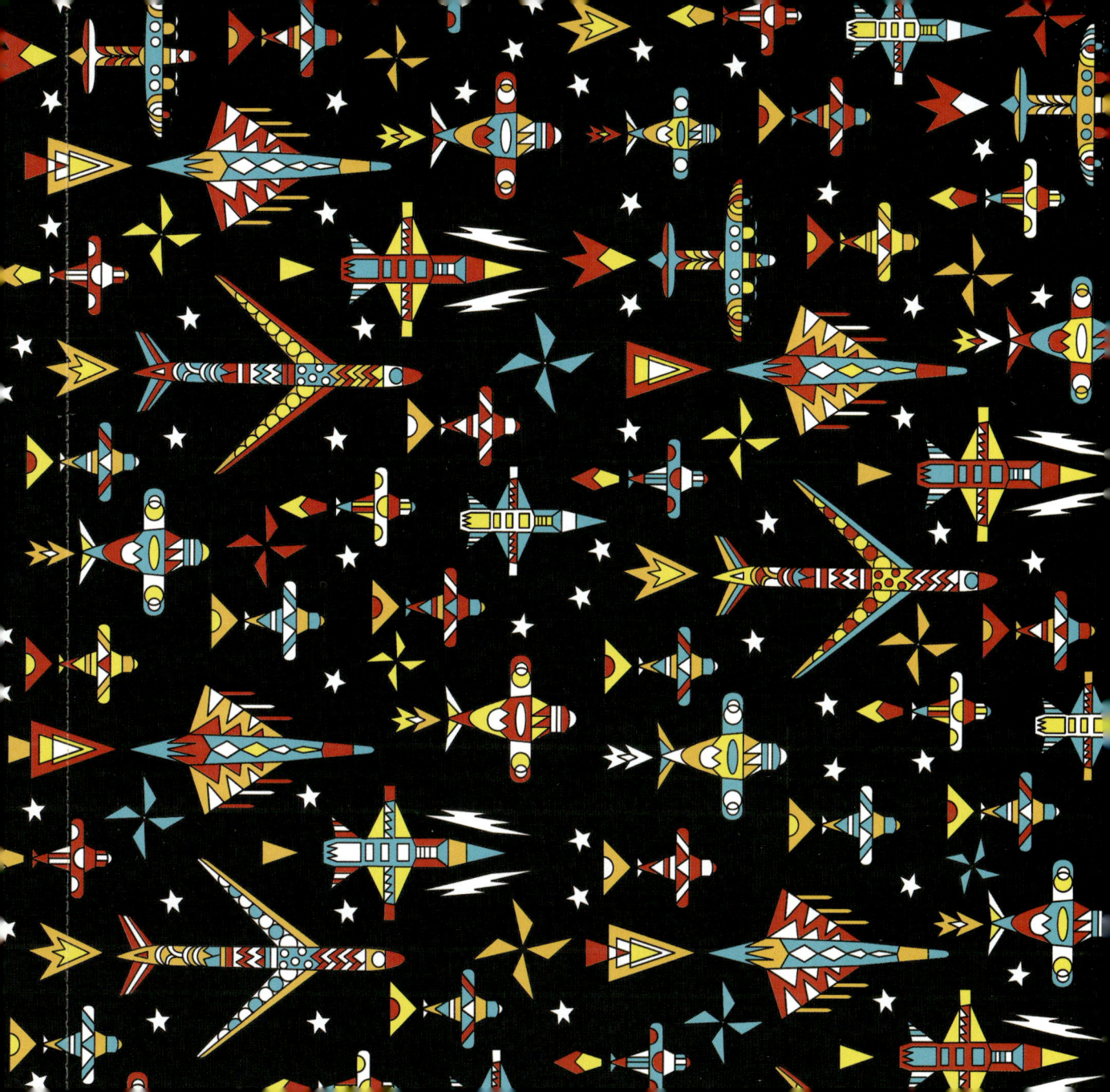

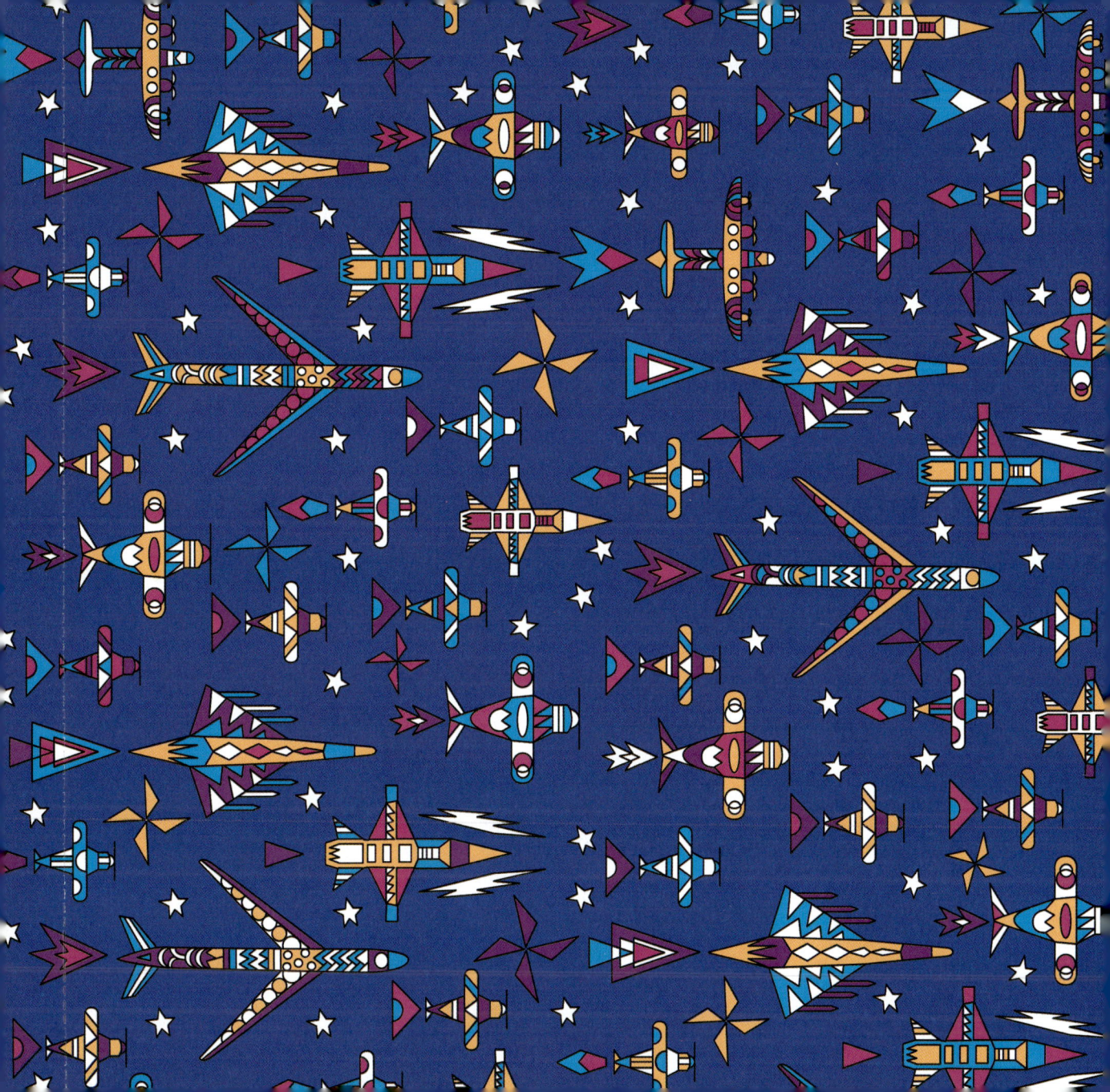

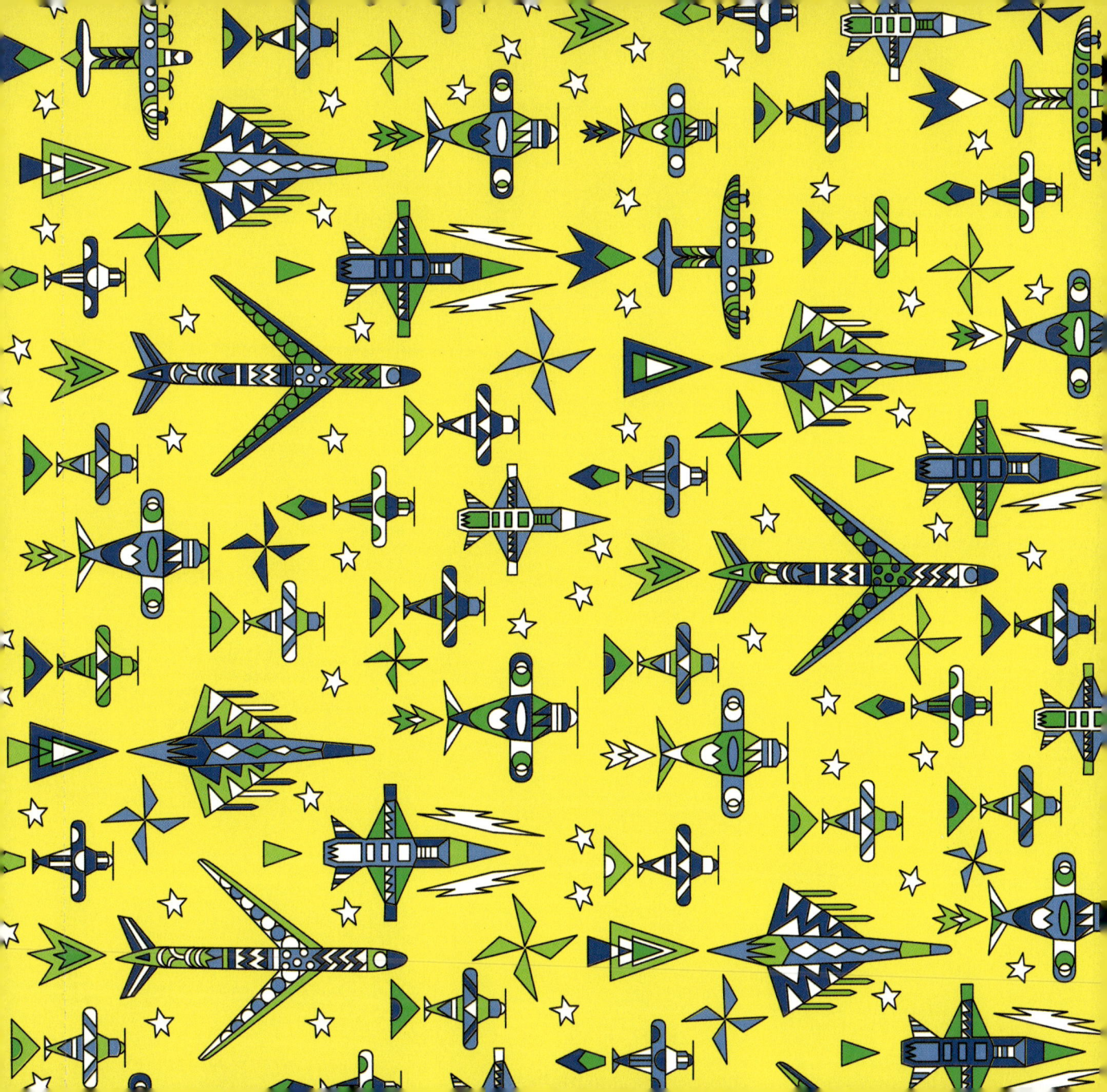

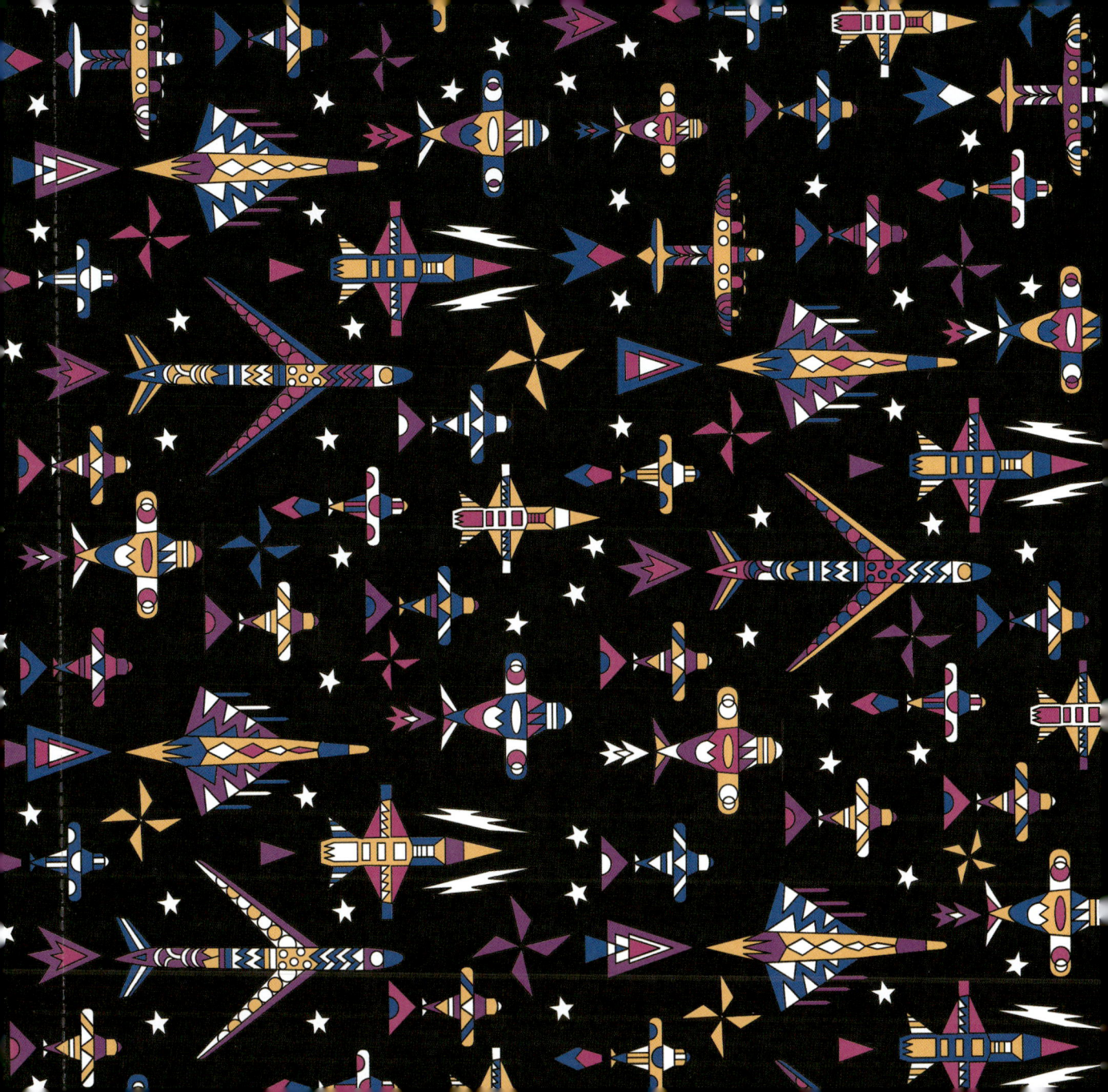